Voor onze vier wilde girafjes

Over Giraf verschenen ook:
Giraf viert feest
Giraf leert fietsen

Derde druk, 2010

Vormgeving: Zeno

www.defonteinkinderboeken.nl

ISBN 978 90 261 2793 9
NUR 273

Marie-Louise en Mark Sekrève

Giraf gaat slapen

DE FONTEIN

Giraf steekt één oor boven de deken uit. Hij luistert.
Is het voorbij? Het gekraak? En het geritsel?

‘Goedemorgen!’ zegt Krook vrolijk.

‘Giraf, kom je?’ roept Zebra.
‘Zijn de enge geluiden weg?’ vraagt Giraf.
‘Enge geluiden?’ vraagt Krook. ‘Waar dan?’

‘Ik was zo bang,’ zegt Giraf zacht, ‘heel de nacht lang.’
‘Het was een monster!’ brult Krook.
Giraf kruipt in elkaar.
‘Dat wil ik niet! Wat moet ik nu?’

'Nooit meer slapen,' zegt Krook.
'En de hele nacht hard zingen,' giechelt Zebra, 'daar houden monsters niet van.'
Ze huppelt door de kamer. 'Nu gaan we spelen!'

Giraf, Krook en Zebra spelen bij de rivier.
Ze eten grote stukken taart.
Giraf bouwt een dam.
Ze zonnen in het gras.
'Het is een mooie dag,' zegt Giraf.

‘Wat gaan we nu doen?’ vraagt Giraf.
Krook gaapt. ‘Ik ga naar huis, welterusten!’
‘Wordt het alweer nacht?’ vraagt Giraf.

Zebra knikt. 'Fijn, slapen,' zegt ze, 'ik ben moe.'
'En ik?' vraagt Giraf.
'Jij niet. Jij moet de hele nacht hard zingen.'
Zebra huppelt weg. 'Toedeloe, Giraf!'

Giraf zucht.
Hij wil niet naar huis.
Thuis wacht de nacht.
En de nacht zit vol enge geluiden.
Giraf voelt zijn hart bonken.

'Op weg naar huis, Giraf?' vraagt Olifant. 'Spring maar achterop.'
'Straks wordt het nacht,' fluistert Giraf.
'Ik ben dol op de nacht.'
'Maar de nacht zit vol enge geluiden!' roept Giraf.
'Geluiden horen bij de nacht,' zegt Olifant. 'Welterusten, Giraf!'

Langzaam wordt de kamer donker.
In de stilte klinkt zacht geknars.
'Lalalala!' zingt Giraf. Hij zingt zo hard hij kan.
Zijn lijf staat stijf van angst.

Giraf hoort gebons.
Eerst zacht. Dan steeds harder.
'Ga weg, monster!' schreeuwt hij.
De deur gaat langzaam open.
Een grote schaduw vult de kamer.
Giraf duikt achter de stoel.
Hij houdt zijn adem in.

‘Ik ben het,’ zegt een vriendelijke stem.
‘Olifant! Wat ben ik blij dat je er bent!’
Giraf rent naar Olifant toe.
‘Er was een monster!’

Olifant pakt Giraf stevig vast.
'Kom met me mee.'

'Ik hoor geknars,' fluistert Giraf.
'Dat zijn de bomen, die kraken zacht in de nacht.'
'Wat is dat enge geruis?' vraagt Giraf.
'Dat is de rivier. Het water stroomt naar zee.'

Olifant legt een deken op het zand.
‘De nacht zit vol geluiden,’ zegt hij, ‘net als de dag.
Alleen laat de nacht ze horen.’

Giraf luistert stil.

'Het lijkt wel muziek,' zegt hij zacht.
Hij geeuwt. Langzaam vallen zijn ogen dicht.

'Goedemorgen!' roept Krook vrolijk.
'Goedemorgen,' zegt Giraf, 'ik heb heerlijk geslapen!'
'Maar je ging toch zingen?' giechelt Zebra.

Giraf lacht. ‘Ik heb juist geluisterd!’
‘Geluisterd? Naar wat?’ vraagt Krook.
Giraf rekt zich uit.
‘Naar de nachtmuziek.’